*

***

TRÉSORS
POÉTIQUES

***

*

Patrick Édène

Édition : BoD - Books on Demand, info@bod.fr
Impression : BoD - Books on Demand, In de Tarpen 42,
Norderstedt (Allemagne)
Impression à la demande
ISBN : 978-2-3222-3613-8
Dépôt légal : Mars 2023

Écrire, c'est comme peindre par des mots le tableau de son âme !

Patrick Édène

PRÉSENTATION

Je précise, ci-dessous, les motivations qui m'ont fait choisir une forme poétique personnelle plutôt que celle à laquelle elle ressemble et qui est nommée classique.

Ce qui m'intéresse en poésie, c'est que les nombres réguliers des syllabes des vers et les fins de ces vers écrites en rimes font, pour ainsi dire, chanter les concepts des poèmes dans l'esprit de celui qui les lit. Ainsi, l'œuvre emporte le lecteur au cœur de mélodies sonores et conceptuelles qui peuvent alors faire écho au chant divin de son âme. La poésie libre étant le plus souvent sans rimes et sans nombres réguliers de syllabes, elle ne peut donc me convenir à l'instar de la poésie classique trop codifiée.

Par conséquent, j'aime que mes écrits riment, que les syllabes des vers harmonisent le poème et qu'ainsi les sons et les sens des mots s'unissent dans un accord étroit pour créer une symphonie poétique ! Cela exprimé, les règles que j'emploie faisant partie de la poésie classique, elles me confrontent à ses autres règles complexes que je considère excessives et que je ne cherche pas à appliquer. Ces règles ont été précisées et codifiées par François de Malherbe (1555-1628) et Nicolas Boileau (1636-1711), et ont donc été appelées la poésie classique.

Selon mon propre calcul, j'applique un même nombre de syllabes pour les vers d'un poème, les élisions qui sont les non comptages des syllabes des fins de mots en « e » devenant, ainsi, des syllabes muettes si elles se trouvent devant un autre mot qui commence par une voyelle et les rimes que j'essaie de rendre parfaites.

Mais je ne veux pas, par exemple, limiter ma créativité par les formes fixes de la poésie classique tels que sonnet, pantoum, ballade, triolet, villanelle, rondeau, rondel, lai, iambes et terza rima. Leurs structures pourraient réduire les possibilités des précisions conceptuelles que je jugerais primordiales pour mon œuvre. De temps à autre, certes, par plaisir du challenge ou par désir d'expérience personnelle, je peux choisir la base de l'un de ces modèles si j'estime pouvoir réussir à lui donner l'expression exhaustive de mon propos. D'ailleurs, j'invente, comme tout auteur de poèmes peut le faire, des formes qui peuvent devenir un jour, pourquoi pas, des formes fixes pour ceux qui les aimeraient.

Je ne me préoccupe pas des diphtongues, appelées diérèses pour lesquelles on compte deux syllabes dans les mots qui contiennent deux voyelles qui se suivent ; à mon avis, cette règle perturbe la beauté rythmique d'un vers contenant un tel mot, puisqu'à notre époque nous ne les prononçons pas en deux sons. Victor Hugo, par exemple, compta deux syllabes dans le mot « lion » de l'un de ses poèmes, mais peut-être qu'à son époque les gens prononçaient li-on. Je ne m'occupe ainsi que de la prononciation actuelle des mots qui ont deux et parfois trois voyelles qui se suivent et non des règles classiques à ce sujet. « Lion » et « mieux » sont des mots qui ne créent qu'un seul son, et par conséquent, qu'une seule syllabe. Quand il y a deux sons dans la prononciation contemporaine de tels mots, cela arrive, je compte évidemment deux syllabes.

Je n'applique pas l'obligation d'écrire un mot commençant par une voyelle quand le mot qui le précède se termine par une voyelle alors qu'il est placé à la césure d'un vers. Je ne m'oblige pas à écrire après un mot finissant par deux voyelles, un mot commençant par une voyelle ; même si je respecte que des poètes utilisent ce genre d'obligation pour penser qu'ils écrivent ce qui est l'idéal en poésie que je considère, pour ma part, défavorisé par ce genre de règle.

Je ne cherche pas à éviter les échos qui sont des mots aux sons qui se ressemblent et placés dans un même vers ou dans deux vers proches l'un de l'autre. Je ne m'occupe pas d'éviter les mots qui contiennent des hiatus qui sont, selon les règles classiques qui n'en tolèrent que quelques-uns, des heurts entre deux voyelles dans un ou deux mots tels que « aérée » et « il y a ». Si mon poème l'exige, j'unis une rime masculine à une rime féminine quand leurs sons et leurs sens enrichissent mon propos. Qui plus est, cela me semble ainsi correspondre à la loi la plus puissante de la nature ! Pour les mêmes raisons de richesse de sens, je ne me préoccupe nullement de l'interdiction de lier des rimes au pluriel et au singulier. Je rejette les licences que s'autorisent un peu facilement les poètes classiques qui changent ainsi l'orthographe des mots. Et j'évite le plus possible les enjambements, les rejets et les contre-rejets qui découpent les phrases en morceaux pour utiliser les derniers mots de ces parties de phrases en tant que rimes.

En ce qui me concerne, je tente simplement d'atteindre, à ma manière, la plus belle union possible de sens et de sons pour chacun de mes poèmes et j'espère, chère lectrice et cher lecteur, que vous penserez que j'ai eu raison !

TRÉSORS POÉTIQUES

LE TRÉSOR DES ÂMES

Debout, masse de matière immobile !
Voici venu le temps de te mouvoir,
Car tu ne peux être face sans pile,
Ni prouver ce qu'est l'être sans l'avoir !

Te voilà bougeant, volant et rampant,
Animée d'une force merveilleuse
Dont chacun de tes mouvements dépend,
Et qui brille en toi telle une veilleuse.

Celle-ci sera contestée, niée,
Comme le fut la rondeur de la terre,
Jusqu'à ce qu'un esprit remanié,
Comprenne ses secrets et ses mystères.

La vie est bien le miracle des âmes
Auquel il faut un support pour le voir,
Comme se découvrent l'homme et la femme
Pour qu'ils fassent de l'amour, un devoir.

Quelqu'un dit que bouger est machinal
Ou pire, que tout provient du hasard,
Parce qu'il ne voit que ce qui est banal,
Et que son cerveau est un vrai bazar.

Le mouvement a été inventé
Pour découvrir qui le met en action,
Qui fait le choix de descendre ou monter,
Et qui décide de sa direction.

Sans une conscience provenant d'elles,
Les corps ne peuvent pas vivre et agir
De n'être plus leurs serviteurs fidèles,
Puisque seule une âme peut réagir.

Les âmes sont la lumière qui luit
En éclairant tous les individus,
Comme le soleil éclaire les pluies
Qui lui rendent, en arcs-en-ciel, son dû.

Les âmes sont donc le trésor des êtres
Provenant de l'univers jusqu'à eux,
Afin qu'ils redeviennent tous des maîtres
Selon ce qu'en conçut le divin vœu !

LE TRÉSOR DES CORPS

L'architecte des cieux, qui est aussi celui
Qui a fait le monde puis les jours et les nuits,
Créa par l'union des femelles et des mâles,
Tous les êtres vivants, de l'homme à l'animal.

Indéniablement, un corps soumet aux limites,
Dans l'espace qui autour de lui le délimite,
Et paraît si peu de chose en comparaison
Aux vastitudes qui dessinent l'horizon.

Pourtant, ce qui est grand peut sembler minuscule,
Tel le monde ressemblant à une cellule
Quand ce qui est plus ample est placé près de lui,
Par exemple, au ciel, une galaxie qui luit.

Il faut concevoir plus loin que les apparences
Et contrôler mieux ce qui fait les différences,
Car le plus grand est toujours fait du plus petit,
Sinon, il serait aussitôt anéanti !

Avant que puisse exister deux, il fallut un ;
Évidence de multiplication du un,
Ou de sa division selon la préférence,
Ce qui, pour l'effet, est la même référence.

Les corps des atomes et ceux des molécules,
Et ceux des papillons et ceux des libellules,
Ou ceux des cécilies et ceux des urodèles,
Comme ceux des cormorans ou des hirondelles,
Jusqu'à ceux des rhinocéros et des panthères,
Et ceux des plus grandes espèces de la terre
Ont tous à l'intérieur de leur constitution,
D'autres parties, infimes, pour leur construction.

Ces particules corporelles concrétisent
De vrais miracles de vie par leur entremise,
Qui ne sont pas que des ensembles de matière
Tels que sont les métaux, les cristaux et les pierres ;
Ils contiennent la conscience de l'existence
Qui, seule, peut faire se mouvoir les substances
Qui sont l'écrin de ce joyau de l'univers
Que les sages des siècles ont, en eux, découvert !

.

LE TRÉSOR DE LA NATURE

Voilà ceci et voici cela, c'est ainsi,
Chaque phénomène et chaque merveille aussi !
Tout était là et tout s'est lui-même produit
Avant que l'être humain puisse y être introduit.
Un surgissement permanent de l'existence,
Un miracle renouvelé par sa constance.
Un jaillissement perpétuel de nouveautés,
Et la multiple expression de la liberté !

Des explosions de toutes parts et des splendeurs,
Et des manifestations de fougue et d'ardeur,
Accrochées à la terre ou nageant dans les eaux,
Formant des groupes ou progressant en réseaux,
Inventant des stratagèmes pour se nourrir,
S'associant parfois même pour ne pas mourir,
Devant prendre, attraper, s'enfuir ou se débattre,
Si ce n'est se camoufler ou devoir combattre,
Pousser, ramper, sortir, entrer ou s'envoler
Et donner, partager ou quelquefois voler,
Grandir, s'étendre et dominer ou se soumettre,
Mais utiliser ce qu'il ne faut pas omettre !

La nature est partout et en tous les endroits
Où elle doit prendre en permanence ses droits ;
Elle couvre le monde et le rend magnifique
Par ses nombreuses capacités prolifiques ;
Sous le soleil, ses centaines de couleurs chantent,
Ses mouvements se dressent, se courbent, serpentent
Lors de sa sempiternelle danse vitale
Durant laquelle elle semble être ornementale.

C'est parce qu'elle est le langage universel
Qui écrit le livre du destin naturel,
Qu'elle est l'essence qui exprime la beauté
D'où elle est provenue pour la manifester.
Mais en notre siècle d'ignorance cupide,
Les hommes n'ont toujours pas su remplir leur vide
Et la détruisent en se détruisant eux-mêmes
Puisqu'ils ne savent pas que c'est leur mort qu'ils sèment ;
Ils ne comprennent donc pas que tout communique,
Que chaque élément de l'ensemble féérique,
Est interconnecté avec le monde entier,
Et que la nature compose leur moitié !

LE TRÉSOR DES CONSTATS

Tant de déceptions personnelles m'ont meurtri,
Tant d'injustices perdurent en ma patrie,
Tant de terreurs et d'angoisses m'ont traversé,
Tant de pollutions sur terre sont déversées,
Tant d'affronts m'ont été lancés par des idiots,
Tant de violences frappent les peuples mondiaux,
Tant de voleurs m'ont privé de mon argent,
Tant de cruautés sont assénées à des gens,
Tant d'escrocs m'ont menti et quasiment tout pris,
Tant de malheurs provoquent des foules, les cris,
Tant de faillites m'ont écrit leur épilogue,
Tant de fantômes vivants le sont par la drogue,
Tant de monopoles abusifs m'ont banni,
Tant de despotes martyrisent des ethnies,
Tant d'épreuves difficiles m'ont fait suer,
Tant de femmes sont battues, violées et tuées,
Tant de bandits m'ont grugé par leurs viles ruses,
Tant de personnages de pouvoirs en abusent,
Tant d'escrocs m'ont fait subir leur violente traque,
Tant de migrants privés de tout vivent en vrac,
Tant de jaloux m'ont appauvri par spoliation,
Tant de pays n'aident pas leur population,
Tant de dédains m'ont laissé presque en loques,
Tant de barbares perdurent à notre époque,
Tant de riches m'ont supprimé des libertés,
Tant de personnes mentent par avidité,
Tant de maux ont fait de moi leur récipiendaire
Et tant d'individus ne sont pas solidaires,
Que j'ai pensé que lorsque je serai mort,
Si plus rien n'existait pour mon âme et mon corps,
Cela serait la paix qui, pour moi, adviendrait
Malgré ce grand vide qu'alors je deviendrai.

Pourtant, je sais avec totale certitude,
Malgré l'existence de la décrépitude,
Que rien de ce qui existe ne périra,
Car le vide ne le fit ni ne le fera !

...Tant de femmes sont battues, violées et tuées,...

LE TRÉSOR DE LA VÉRITÉ

Des scientifiques se pensent être des dieux
Alors qu'ils ne sont que des manipulateurs
Qui n'ont toujours pas assimilé que c'est Dieu
Qui est l'unique et l'authentique créateur !

Des artistes, également, ne font pas mieux
En n'étant que de talentueux découvreurs
De ce qui fut créé dans les temps les plus vieux
Et donné à tous par Le céleste livreur !

Des savants et des serviteurs des arts divers
Ont pourtant de réelles bonnes intentions,
Quand d'autres de leurs mobiles, cachent l'envers
Et causent des dévastatrices pollutions !

La fortune n'est sûrement pas la matière
Ni même, d'ailleurs, toutes sortes d'inventions ;
Elle est dans le retour de soi en l'âme entière,
En pratiquant la foi et la méditation !

La lumière cosmique allume les étoiles
Et montre de l'espace, son infinitude,
Afin que la vérité des cieux se dévoile
Aux êtres ainsi libérés des servitudes !

...Elle est dans le retour de soi en l'âme entière,
En pratiquant la foi et la méditation !

LE TRÉSOR DES MOUVEMENTS

Telles les eaux fraîches d'une rivière
Qui deviennent différentes d'hier,
Car leurs gouttes ont été changées
Comme leurs poissons d'y avoir nagé,
Les villes connaissent le même cas
Sans que cela leur cause du tracas,
Par leurs foules marchant dans tous les sens
Et leurs constructions dues à la croissance.

Tout se meut partout et tout y circule,
Que ce soit le vent ou les véhicules,
Les brillantes étoiles dans les cieux,
Les images reflétées par les yeux,
Les pensées et les idées des esprits,
Le savoir acquis parfois mal compris,
Les insectes dans les herbes des champs,
Les voix dont l'énergie porte les chants,
Les chevaux trottant durant une course,
Les pièces de monnaie de bourse en bourse,
Les enfants s'amusant à la marelle,
Les gracieuses ailes des tourterelles,
Les jeunes dansant qu'ils soient ou non ivres,
Les cœurs dans les corps pour les faire vivre,
Les pieuvres étendant leurs tentacules,
Les atomes formant les molécules,
Les arbres qui croissent dans les forêts,
Les électrons qui voyagent sans arrêt,
Les opinions des gens qui évoluent,
Les élucubrations des farfelus,
Les comètes qui traversent l'espace,
Toutes les choses dans le temps qui passe,

Les herbes poussant au printemps venu,
Le courant que l'on nomme continu,
Les vibrations internes aux matières,
Les avions qui dépassent les frontières,
Les rayons du soleil posés sur terre,
Les fleurs décorant de ternes parterres,
Les vagues des mers et des océans,
Les gestes, même ceux des fainéants,
Les trains qui s'en vont et qui s'en retournent
Et les galaxies qui sur elles tournent,
Jusqu'aux doux chants des oiseaux, mélodieux :
Tout bougeant car tout est souffle de Dieu !

LE TRÉSOR DE LA POÉSIE

Ses mots sont la musique des sentiments
Issus de la mer profonde des passions
Où naissent les belles amours des amants
Et la générosité des compassions !

Mais son chant est aussi celui des tourments
Et celui des cris sortant des oppressions,
Dont les flots s'écoulent enfin librement
Dans les vers et phrases de ses expressions !

Elle résonne en douceur ou furieusement
Sur les pages remplies de ses confessions
D'où émanent tous ses styles, vastement,
Qui clament leurs aveux et leurs subversions !

Ses batailles sont nombreuses, habilement,
Puisqu'elles servent avec brio sa mission
De révéler à autrui, subtilement,
Ce que sont de toute vie, les impressions !

Tous ses auteurs y livrent, abondamment,
Leurs questions, leurs bonheurs et leurs répulsions,
Et tous sont dignes d'elle, suffisamment,
Pour être sa richesse de transmission !

...D'où émanent tous ses styles, vastement,
Qui clament leurs aveux et leurs subversions !

LE TRÉSOR D'UN SERMON

Vraiment, maintenant cela suffit
Que des vérités tu fasses fi ;
Il est temps de voir ce que tu vois
Et de comprendre quelle est ta voie !

Tu vis en ce joli monde-ci,
Oyant, sentant et voyant aussi !
Donc, reconnais que c'est un miracle
Et arrête ta propre débâcle !

Tu ne te poses pas de questions !
N'est pas raisonnable ce bastion
Que tu as créé mentalement
Pour résister aux bons jugements !

Contemple l'énergie merveilleuse
Qui a construit ton corps, pourvoyeuse,
Et qui te permet ta vie mobile
Comme d'être une personne habile !

Ne crois pas que c'est dû au hasard
Ou pour ta conscience, trop bizarre,
Car il est simple de constater
Qu'un grand savoir t'a fait exister !

Chacune des parties de ton être
Fut créée pour que tu puisses naître !
Des choix furent faits depuis des ères
Pour parvenir ainsi à te faire !

Tout est intelligence en ce monde.
Entre en toi pour que ton esprit sonde
Cette immense richesse intérieure
Qui, à tout, est vraiment supérieure !

Cesse de croire en matérialiste,
Et trouve de ton âme, la piste
Qui te mènera où tout est mieux,
Car tu es en vérité, un dieu !

LE TRÉSOR DE LA CONSCIENCE DE SOI

Reconnaître que chaque chose nous affecte,
Que nous la trouvions bonne ou, au contraire, infecte,
Provient de la valeur que nous lui accordons ;
Capacité de juger qui est notre don.

Relativement à nos désirs et croyances,
Nous sommes le centre actif de nos expériences ;
Et sans celui-ci, elles n'ont pas d'existence
Comme pas d'estimation et pas d'importance.

Tout n'est ou n'agit que par relativité,
Et n'a de sens que celui qui lui est prêté
Par le jugement selon ce que l'on en pense
Et ainsi, selon ce que l'esprit lui dispense.

En conséquence, rien ne vaut quoi que ce soit
Si ce n'est pas catégorisé par le soi
Qui définit, par l'appréciation qu'il en a,
Si c'est pour sa vie, l'enfer ou le nirvana.

Nous concevons donc par ses divers éléments,
Que, quels que soient nos avis sensés ou déments,
Ce qui est l'essence de la réalité
Est qui nous sommes en notre intériorité.

Sans notre présence en notre merveilleux corps,
Qui perçoit autour de ce qu'il est, le décor,
Rien ne peut obtenir d'identification
Puisque rien ne reçoit de classification.

Ceci implique, si nous voulons nous connaître,
De devoir se voir au fond de soi pour y naître
Et retrouver ainsi la conscience de nous
Qui démontre que Dieu est déjà parmi nous !

LE TRÉSOR DE LA DOUCEUR

Le doux bruit des ailes d'un pigeon qui s'envole,
Comme l'art d'une fleur qui ouvre sa corolle.

La goutte d'eau parcourant les muscles du dos
Lorsque la chaleur est devenue un fardeau.

La brise jouant entre les plumes d'un cygne
Qui glisse, sur le lac, de son allure digne.

La flamboyance de l'aurore qui se lève
Et dessine le vol d'un héron qui s'élève.

Le sourire d'un nourrisson émerveillé
De voir son père qui vient de le réveiller.

Le chant d'un merle durant que nait la rosée,
Au refrain mélodieux qu'il a su composer.

Le chaton qui titube en essayant ses pattes
Et qui, voulant rattraper sa mère, se hâte.

Les caresses des amants qui s'aiment vraiment
Et scellent, d'un baiser, le plus beau des serments.

Les rayons du soleil qui traversent soudain
Les nuages qui, pour eux, avaient du dédain.

La clarté de l'âme qui repose le corps
Quand l'esprit et elle sont enfin en accord !

Le doux bruit des ailes d'un pigeon qui s'envole…
.

LE TRÉSOR DES RELATIONS

Sans les autres durant la vie en société,
Nous ne connaitrions jamais la satiété,
Ni un enrichissement moral ou psychique,
Ni, de soi, la connaissance psychologique.

Malgré faire du mieux possible pour satisfaire
Les demandes amicales sans jamais malfaire,
Nous pouvons involontairement décevoir
Sans que nous puissions le plus souvent le savoir.

Mais il est difficile de plaire constamment,
Que ce soit à sa famille ou à ses amants,
À ses amis et à d'autres fréquentations,
Et cela même si on en a l'ambition.

Beaucoup de personnes préfèrent ne rien dire
En se sentant trahies, puis aiment bien médire
À l'encontre de celui qui les a déçues
Et qui, s'il n'en fut informé, ne l'a pas su.

Ainsi se font les relations entre les gens,
Hormis quand ceux qui les vivent sont indulgents
Et acceptent donc, qu'il y ait des différences
Entre ce qu'on leur dispense et leurs préférences.

Tout en ce sujet dépend de l'honnêteté
De l'échange, avec ou sans duplicité,
Qui a réuni les personnes concernées,
Et du fait d'être mal ou bien intentionné.

L'objet reçu vaut la façon qu'on le reçoit
Puisque lorsque cela plaît ou cela déçoit,
C'est selon notre égoïsme ou notre clémence
Qui constituent pour la relation, la semence.

Au début, l'amitié provient de l'harmonie
Qui démontre qu'il n'y a pas d'acrimonie
Entre les compères devenus des amis
Avant, peut-être, de finir en ennemis.

Ainsi se nouent et se dénouent les relations
Selon les caractères et leurs évolutions,
Parfois seulement basées sur les apparences
Faisant prendre des décisions par ignorance.

Mais ce qui compte, en ce sujet très important,
Est de ne pas mentir, qu'on soit ou non content,
Ni à son interlocuteur, ni à soi-même,
Car, ainsi, les gens s'estiment vraiment et s'aiment.

C'est ce genre de qualité relationnelle
Qui peut établir une amitié éternelle,
De vie en vie, tout au long des incarnations,
Jusqu'au jour de la divine libération !

LE TRÉSOR DE l'HISTOIRE

Onze mille ans dans le passé, sur notre terre,
Les premiers habitats groupés et sédentaires
Se sont fixés pour mieux vivre dans les décors
Du Proche-Orient et de l'Afrique du Nord.

Durant ces siècles, la pointe méridionale
De l'Amérique du Sud, lu dans un journal,
Fut colonisée par les peuples s'y trouvant
D'avoir quitté leurs lieux d'existence d'avant.

C'est ainsi que l'histoire du monde commence,
Issue des germes de ses premières semences,
Alors qu'en Chine, quand deux mille ans s'écoulèrent,
Les cultures du riz en ces temps débutèrent.

Puis des peuples de langue indo-européenne
Installent en Crète la culture minoenne,
Cela, cette fois, au moins cinq mille ans plus tard
Sans que ce soit par quelque lenteur ou retard.

Puis à la même époque en la mer Égée,
Les premiers bateaux à voile font voyager
Sur ses vagues, des marins de l'Antiquité
Goûtant le plaisir d'une telle activité.

Plus de mille ans s'écoulent, et les Assyriens
Conquièrent l'Égypte qui devint leur bien
Par des moyens de guerre, véritables enfers,
En ce siècle de début du travail du fer.

C'est en l'an cent dix-sept de notre ère actuelle,
Que l'Empire romain, par son dessein cruel,
Atteint l'ampleur de son extension maximale ;
Et en quatre cent six, la Gaulle subit les Vandales.

En l'an huit cent, c'est Charlemagne le grand homme
Qui est couronné en tant qu'empereur à Rome ;
Quarante-deux ans après, en Asie s'éteint,
Ou se désintègre, l'Empire tibétain.

En l'an neuf cent soixante-neuf, les Fatimides,
Cette fois, prennent l'Égypte aux terres arides
Pour y fonder quelques années plus tard, le Caire
Où ne peut pas pousser la moindre lombricaire.

Presque trois cents ans passent et ce sont les Mongols,
Dont les longs yeux bridés font croire qu'ils rigolent,
Qui pillent Bagdad, capitale d'Abbaside,
Un califat qui fut détruit par homicide.

Paradoxal, en dix-sept cent quatre-vingt-neuf,
Grâce à la France, le monde devient neuf
Par l'illustre Déclaration des Droits de l'Homme
Dont les brillants articles en décrivent la somme.

Paradoxal encore, cela ne fit rien
Pour vraiment calmer les violences des terriens,
Jusqu'à nos années du troisième millénaire
Qui les perpétue par d'avides millionnaires.

…/…

Désormais la terre est aussi une victime
Comme ses habitants que partout l'on décime,
Et malgré quatre milliards d'années d'existence,
Elle reçoit des pires hommes, cette sentence.

Il n'a fallu qu'onze mille ans d'évolution
Pour qu'ils la condamnent à de graves pollutions,
Et qu'ils laissent périr par la malnutrition,
Un milliard de gens, sans aucune contrition.

L'histoire est la grande richesse des mémoires
Pouvant faire qu'un jour, saute enfin le fermoir
Qui empêche les esprits de se libérer
Du joug de l'ignorance les faisant errer !

...En l'an huit cent, c'est Charlemagne le grand homme
Qui est couronné en tant qu'empereur à Rome ;

LE TRÉSOR DES MERS

Fluctuantes vagues et constants mouvements,
Selon les vents du ciel et les courants internes
Qui causent en leur surface des monuments
Pouvant parfois engloutir, dans leur gouffre terne,
Les navires imprudents et même impudents
Qui pensaient pouvoir faire plier ces géants
Comme des lions tenant leur proie avec leurs dents,
Les mers sont le parfait contraire des néants.

En elles palpitent les cœurs des créatures
Qui apparurent au début de l'Existence,
Pour la plus grandiose et la plus belle aventure
Conditionnée par une divine sentence.
À l'intérieur de leurs eaux, la vie s'étendit
En d'innombrables formes d'intelligence
Dont, sans cesse, les capacités ont grandi
Afin de vivre et non mourir par négligence.

Cette lutte incessante dans leurs profondeurs
Où put ainsi évoluer la vie primaire,
Démontre qu'une femme enceinte, en ses rondeurs,
N'a pas par hasard le nom de future mère.
C'est par cette origine que les corps humains
Sont faits de presque soixante-dix pour cent d'eau,
Comme sont apparues des nageoires, les mains
Qui, par exemple, peuvent construire un radeau.

Coffres liquides, elles détiennent la mémoire
De la richesse des commencements du monde,
Et les souvenirs des reflets de leur miroir
Tels que les cieux antiques et la lune ronde.
Les tempêtes les font danser et se dresser
Comme des murs stoppant la course des étoiles,
En laissant glisser sur elles et se presser
Les paquebots à moteur et bateaux à voiles.

Parfois tumultes et d'autres fois apaisantes
Lorsqu'elles se confondent au ciel qu'elles imitent,
Elles sont comme lui, des masses imposantes,
Et comme lui paraissent être sans limite.
En plongeant le regard sur le cours de leurs flots,
Leur vastitude émouvante, mire la nôtre,
Et notre conscience, en notre âme, alors éclot
Et comprend, ainsi, de laquelle dépend l'autre !

LE TRÉSOR DE LA SOCIÉTÉ

Qui sait que sans les autres nous n'existons pas
Et ne recevons en sort que notre trépas ?
Qui sait que sans solidarité, rien n'advient,
Même les milliardaires qui ont trop de biens ?

Qui dit que sans l'interdépendance tout meurt,
Y compris les fêtes et les bonnes humeurs ?
Qui sert sans vouloir plus que ce qui est son dû,
Et sait que s'il était seul, il serait perdu ?

Qui voit que sans partage, il n'y a pas de groupes
Qui gagnent les combats comme en guerre les troupes ?
Qui sait que sans entraide, il n'y a pas d'accord
Ni d'exploit de toute sorte, ni de record ?

Qui dit que la solitude est ce qu'il préfère
Et qui affirme qu'il n'en connait pas l'enfer ?
Qui travaille sans rémunération pour vivre
Ou pour le moins, un pécule qui paye ses vivres ?

Qui voit que sans amour, on ne peut recevoir,
Et que pour donner, il ne faut pas décevoir ?
Qui dit que sans partage, il n'y a pas de don
Ni même de compréhension, ni de pardon ?

Qui dit que ce qu'il a, provient aussi d'autrui
Puisqu'une fleur ne peut sans eau, faire son fruit ?
Qui peut mettre en valeur ce que nous sommes
Si ce n'est ceux qui avec nous, font une somme ?

Qui sait voir en tous ceux qui marchent dans les villes,
Qu'ils sont l'autre part qui construit nos vies civiles ?
Qui crée les habits, les maisons et les objets
Nous permettant de dire : « J'existe car j'ai » ?

Qui peut dire qu'il peut vivre sans nourriture
Issue des ouvriers qui gèrent les cultures ?
Qui demeurent en bonne santé sans médecine,
Et qui peut exister sans l'énergie divine ?

LE TRÉSOR DES COULEURS

Les nuances des couleurs
Sont des vagues de chaleur
Qui rayonnent la splendeur
Des choses, avec ardeur,
Pour celui qui les contemple
Et devient, en lui, un temple
De la beauté naturelle
Dont la vie est temporelle !

Sublimes bouquets de fleurs
Que le vent d'été effleure
En faisant cesser les pleurs
Et s'effacer les malheurs,
Comme les feux d'artifice
Éclairent les édifices
Des sombres villes des soirs
Qui rendent tous les murs noirs !

Vibrations de l'existence
Éclatant dans tous les sens
Et perçues par l'un des sens
Obtenu dès la naissance,
Elles dansent dans les yeux
Sur les mélodies de Dieu,
Afin que l'esprit les voit
Et les chante par sa voix !

Même les peaux les diffusent
Par le soleil qui refuse
De ne pas tout éclairer
Et de ne pas tout parer
De sa beauté lumineuse
Qui rend les choses radieuses
Et révèle, par cela,
La force de ses éclats !

Lumière des arcs-en-ciel
Semblant presque artificiels
Par aspects immatériels
Et pourtant bien substantiels,
Les teintes de l'univers
Ou tons rouges, bleus ou verts
Et autres tons définis,
Servent le peintre infini !

Expressions de l'énergie
Du grand art qui les régit
Par degrés ou par niveaux
Dont aucun d'eux ne prévaut,
Les couleurs, même des pierres,
Sont celles de la lumière
Issue du divin pinceau
Dont le blanc pur est le sceau !

LE TRÉSOR DES ARBRES

Cela fait plusieurs millions d'années
Qu'ils ont colonisé la planète,
Bien avant que nous y soyons nés
violents et vêtus de peaux de bêtes.

Ils sont un exemple de partage
Entre eux, les champignons et les fleurs,
Dont l'union créa les premiers âges
Où ils avaient déjà leurs couleurs.

Ils savaient bien avant tous les êtres,
Se nourrir des énergies solaires
Qu'ils soient chênes, peupliers ou hêtres,
Projetant l'oxygène dans l'air.

D'eux le monde parvient à respirer,
Se mouvoir et vivre librement,
Parce qu'ils ont le pouvoir d'aspirer
Le gaz carbonique entièrement.

Leur intelligence est sans limite ;
Elle élève leur ramée aux cieux,
Construit leurs bois durs que rien n'imite
Et leur permet de vivre très vieux.

Leurs racines sont tels des serpents
Rampant jusqu'aux profondeurs des sols
Pour capter l'eau dont leur vie dépend,
Puis la rendant par aérosols.

Ils stabilisent les territoires
Et protègent la faune et la flore ;
Ils en sont d'autant plus méritoires
Et valent plus que l'argent et l'or !

....Ils savaient bien avant tous les êtres,
Se nourrir des énergies solaires…

LE TRÉSOR DU CHRIST

Il pend là, accroché à sa croix,
Dénudé sans avoir pourtant froid,
Blessé sur plusieurs endroits du corps,
Le chœur face à lui comme décor
Dans l'église où son effigie trône
De cette façon que la foi prône !

Le regard dirigé vers le bas
Pour suivre des hommes, les débats,
Il semble surveiller l'assemblée
Qui se signe devant lui, d'emblée,
Lorsqu'elle s'assoit pour le prier,
Frappée de maux qu'elle veut crier !

Lui, dont la torture fut terrible,
Est pourtant vraiment cru invincible
Malgré qu'il soit pendu, prisonnier,
Haï et aimé mais crucifié,
Sur un bois lourd et noir de rancœur,
Par la jalousie des mauvais cœurs !

Mais rien ne l'anéantit vraiment
Puisqu'il en fit, à tous, le serment
Lorsqu'il révéla son mauvais sort
Au peuple témoin de son essor
Qu'il offrit à ceux qui, le suivant,
Comprirent qu'il demeurait vivant !

Sa mort fut effacée par sa vie ;
Ses disciples en furent ravis
Et propagèrent, alors, la voie
Que leur maître dicta de sa voix
Quand il enseignait l'éternité
À ceux qui voulaient bien l'écouter !

Rien ne put l'abattre ou le détruire,
Que ce soit ceux qui voulaient lui nuire
Ou les gros clous qui le transperçaient
Et qui, de part en part, dépassaient,
Laissant couler un sang de lumière
Autant limpide qu'une rivière !

Depuis, devenu un grand trésor
Pour tous ceux voulant vaincre la mort,
Il trouve ceux qui l'ont conspué
Ou qui ont tenté de le tuer,
En chaque endroit et en chaque lieu,
Et leur dit qu'on ne peut vaincre Dieu !

LE TRÉSOR DE LA VIE

La mort, patiente, attend que la vie paraisse,
Incapable d'être sans elle par paresse,
Afin de l'assiéger de son allié le temps
Dont l'œuvre tragique dévore les instants.

La vie paraît de ce qui la contient en lui,
Plus brillante et plus belle que de l'or en pluie,
Plus jaillissante que l'irruption des volcans
Lorsqu'elle fait éclater son obscur carcan.

Elle dessine partout les formes de son art
Auxquelles, sans cesse, elle offre un nouveau départ
Pour l'aventure de l'esprit universel
Qui, en ses innombrables pensées, la recèle.

Son intelligence profonde est sans limite,
Comme le prouvent les fourmis et les termites,
Et d'autres insectes encore, et les poissons,
Et les très grands chefs cuisiniers, maîtres des cuissons.

Le prouvent encore les fleurs et les oiseaux,
Les outils humains tels tournevis et ciseaux,
Les arbres et les coraux, comme les chevaux
Et tout ce qui, en étant animé, les vaut.

En tous lieux de ce monde elle agit et invente,
Construit et solutionne en étant captivante,
Et recouvre de ses couleurs, ses inventions
Pour lesquelles des peintres ont des dévotions.

Elle puise dans tous les nids de l'univers,
Les multiples éléments, variés et divers,
Qui la composent et l'animent d'existence
Tant que le temps leur accorde leur substance.

La mission qui lui est confiée, originelle,
Est de pouvoir démontrer qu'elle est éternelle,
Malgré l'effet des fallacieuses apparences
Imposant des questions pour vaincre l'ignorance.

Elle évolue sans cesse, en cherchant la sagesse
Qui la créa, de sa jeunesse à sa vieillesse,
Dans le but qu'elle redécouvre en elle-même,
La source qui partout la nourrit et la sème.

Elle se compose de multiplicité,
Afin de refuser son éphémérité
Qui la condamne, donc, à sa disparition
Malgré son évident pouvoir d'adaptation.

.../...

Aux confins cosmiques se perçoit son empreinte
Qui vibre même dans les étoiles éteintes,
Tel un chant infini qui voyage toujours
Pour faire naître ses mélodies au grand jour.

Elle est le trésor sans fin de l'éternité
Dont elle peut trahir l'invisibilité
Qui pourtant la récupère dès qu'elle meurt,
Car rien ne peut naître de ce qui ne demeure !

Elle se compose de multiplicités....

LE TRÉSOR DE L'AMITIÉ

L'une des plus grandes richesses humaines,
Qu'on entend par les rires qui se promènent,
Qui s'offre d'âme à âme et de cœur à cœur,
Est bien l'amitié qui sait chanter en chœur.

C'est le partage de moments d'existence,
En toute honnêteté et accord intense,
Décorant le temps qui passe, par sa joie
Et cette entraide dont elle a fait sa loi.

Nul besoin de négocier, car son serment
Est donc implicite puisque nul ne ment,
En ses certitudes qui sont garanties
Par les libertés qui en font ses parties.

Rien n'est obligé, rien n'est autant forcé,
En ses êtres libres de donner assez
Pour cette communauté du grand plaisir
D'échanger des idées comme des loisirs.

L'absence de conflit en est le panache
Qui rayonne autour d'elle où rien ne se gâche,
Car tout ce qu'elle construit ne se détruit pas
Pour ceux la vivant, marchant d'un même pas.

Si elle se termine, c'est d'être fausse,
Ce qui, donc, la fait fléchir et ne la hausse,
Mais si elle perdure et devient pérenne,
Elle affaiblit du monde, l'effet des haines.

C'est alors que l'on peut voir plus de clarté
Dans les lieux où elle vit, avec fierté,
Ses sentiments qu'elle n'a pas à moitié
Et qui lui procurent son nom d'amitié !

LE TRÉSOR DE LA CONNAISSANCE

Rien ne peut être maîtrisé sans elle
Comme l'oiseau ne peut voler sans ailes ;
Avant les sages de la Grèce antique
Qui révélèrent des secrets éthiques,
Elle fut impérative à l'homme ancien
Pour sortir du destin qui fut le sien.

Si elle est intrinsèque à l'existence,
Elle doit être acquise avec constance
Par les créatures dont le mental
A perdu ce qui est fondamental ;
C'est ce que doit faire l'humanité
Dont la pensée est souvent limitée.

Son niveau de départ est l'ignorance
Qui lui sert de valeur de référence,
Comme un tremplin permet de s'élever
Ou un désir implique d'en rêver
Pour créer ce qu'il y a de meilleur
Ou ce qui sauve en conduisant ailleurs.

Mais il ne faut surtout pas la réduire
À un seul domaine pouvant lui nuire,
Car elle n'inclut pas ce qui est partiel
Pour en conquérir la terre et le ciel
Qui sont les deux aspects de ce qu'elle est
À l'instar de l'art qui plaît ou déplaît.

Simple est d'éprouver que la connaissance
Commence à s'acquérir dès la naissance
Et qu'elle dépend, donc, de la conscience
Qui, la développant jusqu'à la science,
Sait faire ainsi preuve d'intelligence,
En devant, à l'amour, faire allégeance !

Peu à peu, devenant une richesse
Qui œuvre pour que la pauvreté cesse,
La connaissance est le plus grand trésor
Qui libère de tout, ou de la mort
Lorsqu'elle est devenue spirituelle,
Sortie de la voie intellectuelle !

Pour être complète, elle doit gravir
Les échelons intérieurs, pour servir,
Dans la plus grande des sincérités,
L'apparition, en soi, des vérités,
Car son degré suprême est invisible
Et est contenu dans l'âme indicible !

LE TRÉSOR DE SOI

Les vies et les siècles passés,
Malgré les époques espacées,
Démontrent avec grande évidence,
Qu'il ne s'agit pas de décadences
Mais d'évolutions épanouissantes
Concernant les espèces vivantes
Qui révèlent de cette manière,
Que la pensée n'est pas prisonnière
De limites qui l'empêcheraient
De s'adapter en tout, sans arrêt !

Si l'on enferme dans des cavernes
À l'instar d'animaux qui hibernent,
Des lézards qui aiment la clarté,
Soumis ainsi à l'obscurité,
Il survient sur leurs progénitures
Qui naissent durant ces aventures,
Un nouveau sens visuel nocturne
Remplaçant celui qu'ils avaient, diurne,
Pour se déplacer facilement
Au sein de leur nouveau logement !

Ceci révèle avec netteté,
Le trésor de la divinité
Qui habite les individus
Dont le pouvoir divin est le dû
Par le fait d'être nés sur la terre
Pour y vivre avant qu'on les enterre,
Et découvrir leur merveilleux être
Qui, pour ce destin, les a fait naître
Afin de pouvoir se reconnaître
Fils de Dieu, et d'eux-mêmes les maîtres !

Des lézards qui aiment la clarté…

LE TRÉSOR DU PRÉSENT

En fait, rien avant lui n'existe,
Malgré l'effet des souvenirs
Forçant à croire qu'il persiste
Dans le passé sans avenir.

Il ne vit pas dans la mémoire
Ne présentant que des images
De moments perdus dans les âges
Ou dans les tiroirs d'une armoire.

Il défit donc qui que ce soit
De le connaître hors de lui,
Puisque ne peut être sans lui
Quelque chose ou quelque soi.

Le futur n'est qu'une invention
Jusqu'au jour où on le ressent,
Car sans présence, il n'est qu'absent
Ou de pensées, la projection.

Comment le présent parvient-il
À être dans le temps qui passe,
Autant ici que dans l'espace
Dont les étoiles sont les îles ?

En partie parce que les choses
À l'existence limitée,
Sont perçues des réalités
Par les êtres qui en disposent.

Sans conscience de ce qui est
Ne peut se faire aucun constat,
Ni des faits, ni de leur état,
Tel un vide qui rend inquiet.

Cela démontre avec clarté,
Que le présent est le trésor
De la vie et non de la mort
Où rien n'est jamais constaté.

Il est donc le cœur de l'esprit
Qui a le pouvoir de connaître
Tout ce qui existe et peut naître,
Car c'est en lui qu'il est compris.

Preuve qu'il est bien éternel
Car rien ne peut venir du vide,
Ni l'esprit qui en tout préside,
Ni le présent originel !

LE TRÉSOR DE LA RÉPUBLIQUE

Embryonnaire, elle fut sanguinaire et terrible,
S'obligeant à tuer et à faire des actes horribles,
Afin d'émerger des flots de la mortelle royauté
Qui noyait son peuple dans la fange de sa cruauté.

Elle naquit comme naissent les enfants par césarienne,
Pour ouvrir, en versant son sang, la porte qui fut la sienne,
Et apparaître en un endroit où on ne l'attendait pas
En surprenant l'ennemi pour le condamner au trépas.

Elle grandit par le pouvoir de ses idéaux de justice,
En accusant l'ancien régime vaincu, de tous les vices
D'où elle s'extirpa comme un papillon de sa chrysalide
Pour guérir de tous ses handicaps et devenir valide.

Elle a pu consolider son destin, d'ordre et de respect,
En faisant fléchir les oppresseurs et en créant la paix
Et des institutions sociales, devant en préserver
Le maintien permanent, fidèles à ce qu'elle en eut rêvé.

Chacune et chacun, en elle, sont garantis de l'équité
En ce qui concerne leur mérite, après s'être acquittés,
Évidemment, de tous devoirs envers elle et ses pouvoirs,
Nombreux, qui protègent et gardent autant l'être que l'avoir.

Certes, elle est imparfaite et non libérée des partis
Et de moult privilèges qu'elle n'a pu rendre petits,
Mais elle imprègne le monde de sa légitimité,
Par ses grands mots : Liberté, Égalité, Fraternité !

Dans toutes les contrées des pays son écho retentit,
Car elle fait rêver par ses principes qu'elle bâtit,
Et son exemple sert de force d'inspiration aux êtres
Qui luttent contre les dictatures et les mauvais maîtres !

Pourtant, il lui reste beaucoup d'améliorations à faire,
Concernant notamment le vieux monde cruel des affaires
Où elle laisse perdurer de nombreuses injustices
Qui affaiblissent sa devise qui en devient factice !

LE TRÉSOR DES DONS

Soudain les frontières intérieures
Qui enclavaient notre vérité,
Se désintègrent vers l'extérieur
Et l'amour naît en simplicité ;

L'esprit qui s'était recoquillé
Pour se protéger par son égo,
De peur que tout de lui soit pillé,
Reconnaît que nous sommes tous égaux.

Il se rend compte alors que son être
Grandit, en lui, par l'acte d'offrir,
Et qu'en ses peurs commencent à paraître
La paix qui fait cesser de souffrir.

Plus il donne solidairement,
Plus il sent son cœur comme sourire,
Et plus il freine son jugement,
Plus son énergie se met à rire.

Il est alors rayonnant de joie
En s'ouvrant comme s'ouvrent les fleurs,
Puis il s'aperçoit que cette voie
Permet que cessent enfin ses pleurs.

Donner rend heureux et rend vivant ;
C'est ce dont il prend conscience alors
Sans besoin pour ça d'être savant
Mais voyant qu'aimer vaut mieux que l'or !

Donner, mouvement de l'existence,
Condition nécessaire à l'être,
Qui lui confère sa compétence
À se comprendre et se connaître !

LE TRÉSOR DE L'HUMANITÉ

Je suis une créature de l'univers
Vêtue de peau pour l'été comme pour l'hiver ;
Je suis née en sortant du ventre de ma mère
Par la magie du soleil et de l'eau de mer.

Magnifique destin que celui d'être humain
Aux nombreux pouvoirs d'esprit, de sens et de mains ;
Splendide individu aux multiples actions
Résultant de désirs au pouvoir d'attraction.

En ce vingt-et-unième siècle qui avance
Je suis huit milliards, est-ce vraiment une chance ?
Peut-être que beaucoup auraient pu naître ailleurs,
Sur une autre planète, pour un sort meilleur.

Miroir des autres, je suis donc l'humanité
De ceux qui font avec moi, son infinité
Qui s'étend, par la puissance de l'existence,
Autour du monde dont faiblit la résistance.

Cette force de la vie incite à l'entraide
Pour laquelle les vaillants humanistes plaident,
Puisque mon nombre et mes villes croissent sans cesse
Et que mon ignorance est sûrement en baisse.

Mais si l'amour ne devient pas la solution
Pour que continue encore mon évolution
Qui me fera voir la splendeur de l'Unité,
Je ne pourrai pas atteindre l'Éternité !

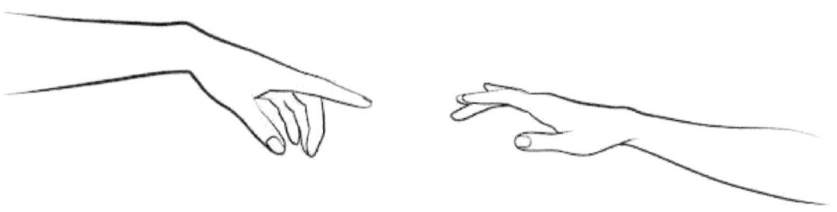

Cette force de la vie incite à l'entraide…

LE TRÉSOR DE LA COMPLÉMENTARITÉ

Heureusement que les différences existent,
Dirons-nous, hormis celles, bien sûr, des malheurs
Qui par rapport au bien, perdurent ou persistent
Et font se répandre les sangs comme les pleurs.

Imaginons un monde où, seuls, quelques métiers
Peu nombreux, par exemple limités à trois,
Tels que ministre, astronaute et financier
Sont désirés par les peuples selon leur droit ;

Il n'y aurait donc plus de société possible
Quel que soit le pays où cela se ferait ;
Ce qui paraît parfaitement compréhensible
Et, certes, personne ne s'en satisferait.

Alors quelle est la cause du peu de respect
Que doivent subir les travailleurs manuels
Qui peuvent donner aux villes, leur bel aspect
Malgré leurs salaires souvent bas et cruels ?

Toute aisance serait perdue sans leur travail,
Et sans celui d'autres secteurs d'activité
Qui montrent qu'il n'y a pas que l'esprit qui vaille
Pour que puisse décemment vivre l'humanité.

Sans le cœur ou le sang, le cerveau ne vaut rien,
Sans l'estomac et sans le foie ce n'est pas mieux ;
Ils ont tous la même valeur pour un terrien
Et, cela, de l'enfant jusqu'à ce qu'il soit vieux.

Les hommes de pouvoir qui ne le savent pas,
N'ont de capacité que celle des erreurs,
Et ceux marchant dans les empreintes de leurs pas,
Produisent autant d'injustices et d'horreurs.

Ignorer la complémentarité déçoit
Comme ne pas valoriser les différences,
Surtout quand quelqu'un donne et l'autre reçoit
Prouvant l'égalité malgré les apparences !

LE TRÉSOR DE LA VIEILLESSE

Quand l'aube des ans a laissé se lever
Le grand soleil de la croissance achevée,
Dans le ciel des évolutions à connaître,
Elle voit vieillir l'enfant qu'elle a vu naître.

Cet être humain put s'élever dans les cieux
Autant que sur la terre où il devint vieux,
Sans retour possible à ce qui fut avant,
Mais ayant connu ce qui le rend savant.

Elle est là, ça y est, la vieillesse au corps
Dont chacun essaie de battre le record
Du nombre d'années supporté par les os
Et le sang aux incalculables réseaux.

Elle affaiblit les muscles mais remplit mieux
De la lumière de l'âme, chaque lieu
Que l'être corporel a dû lui donner
D'avoir vécu dans le monde, ses années.

Bienheureux les hommes, de pouvoir vieillir
Et comprendre qu'ils ne peuvent que faillir
De vouloir tout posséder par la matière
Et ne pas passer de l'esprit, la frontière.

Grande fortune que celle du grand âge
Qui permet que seul l'essentiel se dégage
De tout ce qui ne fut que futilité,
En apportant au cœur la maturité.

Puissante justice qui condamne les forts
Qui profitent des faibles, à leur même sort,
Et qui libère le monde des malheurs
Qu'ils répandirent en lui par leurs fureurs.

Sublime loi du temps qui sûrement passe
Et qui fait, ainsi vite, que chacun trépasse
Pour qu'enfin l'âme sorte de cette impasse
Et retrouve sa liberté dans l'espace !

LE TRÉSOR DE LA VOLONTÉ

Un corps est né et l'âme s'active
Pour que le merveilleux enfant vive ;
Il sourit déjà à sa maman
Qui se réjouit d'un tel beau moment.
Il cherche aussitôt sa nourriture
Selon les règles de la nature,
Car il veut grandir et devenir
L'être qui sera son avenir.

Sans volonté, qui pourrait agir
Comme bouger, choisir ou surgir ?
Ne serait-ce que lever un doigt,
Ou souffler sur l'eau pour qu'elle ondoie,
Nécessite une décision
Pour l'acte fait avec précision.
C'est le sublime pouvoir de soi
Qui réalise quoi que ce soit.

Le pouvoir de vouloir est la vie
Qui peut donc atteindre ses envies,
En désirant ce qui l'intéresse
Puis en agissant avec adresse.
La volonté est bien un trésor
Qui, valant plus que l'argent ou l'or,
Se situe au cœur de la conscience
Quasiment inconnue de la science.

Cette faculté est sans limite
Lorsqu'elle s'unit à Dieu et l'imite,
Puisque c'est de Lui qu'elle provient
Et que chaque être vivant, devient.
En l'utilisant pour méditer,
Libérée de toute avidité,
Elle révèle la vraie fortune :
L'âme de Dieu et de soi sont une !

LE TRÉSOR DE L'AMOUR

Tout ce qui se sépare, se perd, s'égare,
Comme un enfant dans la foule d'une gare,
Connaîtra la solitude et la souffrance,
Et l'inquiétude provoquée par l'errance.

La haine est le contraire de l'inclusion,
En fermant puis morcelant par exclusion,
Les forces de l'existence universelle
Que, seule, l'Unité contient ou recèle.

Tout ce qui refuse, crée une tension
Et ne peut, de lui, avoir une extension
Puisqu'il se recroqueville en lui-même
En ne récoltant que le vide qu'il sème.

Ce qui s'éloigne fait comme un élastique
Et reviendra soudain, par cette pratique,
À l'endroit absolu où sont ses racines
Qui le nourrissent de l'amour qui fascine.

Un mont n'est pas uniquement son sommet,
Ou même sa base à laquelle il se soumet,
Ou son centre qui lui est aussi précieux
Pour pouvoir exister et toucher les cieux.

Tout ce qui monte, en vérité redescend,
Et le présent est déjà ce qui est récent
Au sein de ce qui est la continuité,
Puisqu'aucun néant n'a de réalité.

Retrouver l'amour c'est retrouver le Tout
Qui vibre en son énergie de vie, partout,
Et c'est, ainsi, comme renaître à soi-même
En contemplant dans les yeux, l'Être Suprême !

LA VOIE DU MILIEU

Je me souviens du jour où tout a commencé, car je rêvais à quatorze ans, d'avoir pour mon cadeau de Noël, un circuit 24. Je ne sais pas si certains lecteurs se souviendront de ce genre de jouet.

Une boîte avec des compartiments où étaient rangés des rails à accrocher les uns aux autres pour former un circuit dont la longueur était parcourue sur la surface plane des rails, par deux rainures, ou sillons, en métal, une à gauche et une autre à droite. J'avais décidé que celui que j'aurais, ferait un grand huit. Deux petites voitures de course de couleurs vives à décorer soi-même avec des autocollants, devaient être posées chacune sur une des rainures. Il y avait sous les voitures, deux petits patins en cuivre devant toucher les sillons. Entre les patins, un petit axe en plastique sortait et devait être placé dans une des rainures afin de maintenir chaque bolide en place lorsqu'il roulerait. Ainsi, chaque voiture était obligée de demeurer sur sa route sans la quitter, hormis parfois dans les virages car si le joueur roulait trop vite, cela faisait sortir l'axe des sillons et projetait l'engin à l'extérieur du circuit dans ce que l'on appelle une sortie de route spectaculaire. Les deux patins, recevant le courant électrique par le métal du bord des rainures, produisaient de l'énergie faisant fonctionner le moteur électrique des voitures. Il fallait donc que ces patins touchent correctement les rebords métalliques, afin que le courant pénètre à l'intérieur des moteurs où la bobine de ceux-ci, activée par l'énergie, entraînait les cardans qui entraînaient à leur tour les roues. Et là, ce n'était pas une mince affaire, car souvent l'un des patins s'effilochait et faisait mauvais contact avec le bord métallique de la rainure ; ce qui avait pour conséquence l'obligation de tresser les fils du patin, afin que celui-ci touche correctement le métal et puisse ainsi alimenter le moteur en énergie électrique.

Voilà donc par ces explications, le circuit monté, sans que cela explique comment activer ces engins de course automobile. Deux poignées reliées chacune par un fil à une alimentation stockée dans un transformateur, lui-même branché à la prise électrique de l'appartement, permettaient aux joueurs, en appuyant plus ou moins fort sur un petit axe, de lancer son véhicule à vive allure sur les rails du départ du circuit jusqu'à son arrivée. Les deux concurrents installaient donc leur bolide sur la ligne de départ et, au moment du « partez » crié par l'un d'eux, ils appuyaient le plus fort possible sur le petit axe de leur poignée qui lançait par conséquent les tours des moteurs lançant à leur tour les tours des roues des voitures qui à leur tour, et sans pouvoir faire demi-tour, faisaient le tour de la piste formée par les rails. Et le tour était joué pour celui qui gagnait…mes excuses pour les répétitions des tours mais je n'ai pas résisté à ce petit tour d'humour. Bref, les pilotes devaient aller le plus vite possible, mais lors des virages, ils devaient moins appuyer sur le petit axe pour ne pas faire une sortie de route et ainsi perdre la course, car la force centrifuge cédait la place à la force centripète, ou l'inverse, enfin prenez vos dictionnaires si nécessaire. Bien évidemment, en appuyant trop, l'engin penchait et ne pouvait plus être retenu par la rainure où il était fixé. Je n'ai pas besoin de préciser comment était gagnée la course, ni par qui ! Si ? Bon d'accord ! La voiture franchissant la première la ligne d'arrivée faisait donc gagner le joueur qui en était le pilote. Si une voiture avait quitté la route, devinez qui avait gagné !

Évidemment, il était possible de décider avant la course de combien de tours, (oh la la, pourvu que je ne recommence pas avec les répétitions des tours !) il fallait faire avant de concéder une victoire ou de se l'approprier. Un régal de jouet pour l'enfant que j'étais et franchement, j'en rêvais toutes les nuits en me voyant à chaque fois vainqueur, bien sûr !

Tous mes camarades et moi avions l'habitude chaque lendemain de Noël, d'aller jouer au petit parc avec nos costumes de cow-boy, d'indien, de chevalier ou avec d'autres cadeaux reçus la veille. Mais à 14 ans, c'était la force de l'adolescence qui réclamait ses droits ;

l'esprit sort alors de l'enfance pour franchir l'étape des enjeux importants. Terminés les enfantillages, l'aventure de l'homme m'attendait avec ses grandes missions de héros pour m'exalter à chaque instant, de victoire et de gloire. Les sports physiques et d'adresse devenaient donc majeurs, comme celui de ce circuit de course qui m'appelait de tous ses attraits et attirait ainsi mon attention beaucoup plus que mes anciens jeux enfantins. Mais d'autres activités s'imposaient aussi à mes désirs !

À moi les chaussures à pointes pour courir plus vite sur les pistes d'athlétisme, à moi les vêtements à la mode pour séduire, à moi le vélo avec des gros pneus pour rouler dans la boue et les terrains accidentés, à moi les jouets perfectionnés demandant beaucoup d'habileté et les jeux de société nécessitant des capacités stratégiques, et là j'en passe et j'en passe, car j'écris une nouvelle, pas un roman. Tant pis pour vous !

J'avais donc décidé de posséder un circuit 24 comme celui que j'avais vu chez des copains plus âgés et avec lequel j'avais démontré être un pilote de grande envergure ; pour moi, il était acquis et c'était comme si je jouais déjà avec, en compagnie de mes meilleurs amis. Je voyais l'endroit où je le mettrais dans ma chambre ; j'adorais y jouer avec des petits soldats en plastique, mais cette fois, il me faudrait arrêter de me prendre pour l'un des plus grands stratèges, si ce n'est le plus grand, des batailles du Moyen-Âge à mon âge beaucoup moins que moyen, car la place disponible serait bientôt prise par mon nouveau jouet !

Le matin, lorsque je me levais pour me préparer à aller au collège, je faisais presque attention en marchant dans ma chambre, de peur d'écraser mon circuit qui n'était pas encore là, tellement la force de mon désir de l'avoir le rendait réel ! Jamais je n'avais désiré un jouet autant que ça ! J'allais régulièrement l'admirer dans la vitrine du magasin qui vendait d'innombrables jouets pour enfants de tous âges.

Je n'avais pas d'appareil photo sinon j'en aurais fait un poster pour décorer ma chambre avec les belles couleurs vives de ses voitures. Avec ce magnifique circuit électrique, je me prendrais pour un champion automobile et je partagerais des moments de liesse avec mes camarades. L'électricité n'a-t-telle pas été inventée pour me faire plaisir, franchement, oui, aussi à mes congénères, mais d'abord à moi, n'est-ce pas ? C'est certainement ce que pensent chacune et chacun d'entre nous et c'est logique puisque nous ne sommes conscients que par soi ! C'est vrai que l'on peut une grande partie du temps, et même que l'on doit, penser à nous et pas seulement à soi puisque l'aventure humaine est collective et il est facile de le comprendre. Par conséquent je corrige ma phrase et j'écris : qu'elle a été inventée pour « nous » faire plaisir, et rien que de le considérer de cette façon solidaire, cela me réjouit grandement !

Les jours proches de Noël passèrent dans ce climat d'espoir où, pour la première fois, je vivais dans l'euphorie d'un tel bonheur anticipé. Quand nous parlions avec les copains des cadeaux que nous désirions obtenir le jour fatidique, je ne parlais que de mon circuit 24. Mes parents étaient prévenus de ma requête et je ne doutais pas de leur bonne volonté à mon égard. Cela faisait plusieurs années que je savais que le père Noël était une invention des grands pour que les plus jeunes croient toujours au côté merveilleux d'une existence mirifique que l'on voit en général dans les films de cinéma pour enfants. La première fois que j'eus un doute sur l'existence de ce personnage, fut le jour où, entrant dans la chambre de mes parents, je remarquai des paquets de cadeaux suspects au-dessus de leur belle et grande armoire. Immédiatement, j'ai subodoré qu'il s'agissait des achats de leur part pour nos cadeaux de fin d'année, car il n'y avait que cet événement festif qui pouvait être programmé à l'avance à quelques jours de Noël. Et l'assurance de cette vérité m'était confirmée par les discussions que j'avais avec mes amis d'enfance. Il ne faut pas prendre les enfants pour des naïfs ! Qu'on se le dise et se le répète dans les chaumières et ailleurs d'ailleurs. Viens-je d'écrire un pléonasme ? Il me semble que non, malgré l'apparence. Allez, soyez magnanimes envers ma première nouvelle car je n'écris d'habitude que des poèmes.

Je mesurais et mesurais encore dans ma chambre, l'emplacement où j'accueillerais l'objet de ma convoitise. Je réfléchissais à chaque fois que j'étais entre ses murs, à diverses possibilités d'installations de mon circuit, en imaginant les concurrents postés autour de la piste de course sous le vrombissement de mes bolides décorés par mes soins avec les beaux autocollants livrés dans la boîte que j'imaginais emballée dans un magnifique papier cadeau que j'arracherais pour atteindre le cœur de mon envie concrétisée. *Cette phrase semble aussi longue que les rails assemblés du circuit qui m'attendait* pensais-je avec confiance, à cette époque bénie de l'enfance insouciante. Alors je la garde !

Ça y est, le jour du réveillon arriva. Mes parents et toute la famille étaient assis autour de la table des festivités pour déguster un repas succulent préparé par ma mère douée pour cuisiner. J'avais hâte que les obligations culinaires et les rigolades familiales se terminent afin que j'aille me coucher, m'endormir et rêver de mon cadeau. Quand j'avais cet âge, il fallait que les enfants découvrent leurs jouets, le matin, à l'aube, au bas du sapin de Noël, dans une ambiance de mystère et de croyance que le bon Papa de cette tradition était passé par une des fenêtres de l'appartement puisqu'il n'y avait pas de cheminée.

Il n'y avait pas, non plus, de coq chantant pour me réveiller au moment de cette aube tant attendue, puisque dans les banlieues parisiennes, les immeubles avaient remplacé toutes les bâtisses de campagne que ce soient les granges et les fermes, par exemple. Pas de difficulté pour moi, car comme tout enfant qui se respecte, j'avais un réveil dans la tête pour ce moment fantastique, et mon subconscient me secoua les abattis dès la première lueur de soleil dans la brume matinale d'un tel matin féérique.

Dès que j'ouvris les paupières, je me souvins tout de suite que nous étions ce matin-là, le matin des matins de l'année, celui où mon rêve allait devenir réalité. En un quart de seconde, oui, oui, il ne faut pas en douter, j'étais déjà debout en état d'excitation suprême et d'exaltation absolue ! Ma seule préoccupation était d'arriver devant l'arbre protecteur où j'avais déposé la veille, toutes mes paires de chaussures en option de sécurité si mes parents avaient eu sans que je le sache, par hardiesse généreuse, l'idée d'offrir à leur fils un cadeau par paire. Il n'est pas interdit d'avoir de l'ambition si tant est qu'elle soit pertinente. J'avançais vite mais lentement en même temps, oui c'est possible, puisque je ne devais pas réveiller toute la maisonnée, luttant contre les ombres qui me faisaient peur, mais bravant tous les dangers par mon désir puissant de découvrir mon bonheur ludique. Soudain, je vis la silhouette de l'arbre des joies et je me pressais de l'atteindre dans la seconde. Sans lumière dans la pièce, mais avec celle-ci dans les yeux, j'aperçus tout de suite le paquet qui m'était réservé, ne serait-ce que par sa taille correspondant bien à l'objet de ma passion. Évidemment, je sautais littéralement dessus pour arracher de mes petites mains habiles, le papier qui était à mon avis inutile et qui m'empêchait de savourer ma surprise.

Et la surprise fut de grande taille ! Je n'écris pas « fut de taille » car de quelle taille s'agit-il alors ? Je n'ai jamais compris ces habitudes imprécises de langage. Passons, et je découvris mon paquet de circuit 24 tout neuf…mais non, je plaisante, pas du tout un circuit de course automobile mais une horreur, une calamité, une offense à mes goûts d'alors, un garage à étages et des petites voitures pour les mettre dedans ! J'étais pétrifié, abasourdi, assommé, vraiment, comme un combattant de sport d'arts martiaux qui aurait reçu un coup de poing tellement fort qu'il en aurait vu la voie lactée, et même d'autres galaxies à côté. Je me mis à reculer pour fuir cet outrage à enfant en action de bonheur, essayant de refuser de croire ce que j'avais vu devant moi, tentant de me raisonner et de penser que je n'avais rien vu de tel ; mais non, mon esprit me disait que c'était la vérité, que j'avais reçu la plus grande frustration que l'on puisse avoir dans une si jeune existence même si, en fin de compte, il en existe aussi d'autres. J'aurais voulu hurler mon désaccord dans la nuit tout juste enfuie, pour qu'elle l'emporte avec elle dans le monde entier. Mais aucun son ne pouvait s'échapper de ma raideur, de mon effroi me figeant dans des pleurs silencieux. Je m'affalais alors tel le guerrier de l'arène qui vient de recevoir le coup de grâce. Bah moi je n'avais pas l'impression d'avoir été gracié de ma peine et je dirais même que j'avais l'impression que l'on m'avait puni beaucoup plus que ce que je méritais. Qui avait donc osé me traiter de la sorte ? Oui, qui ? Là j'étais vraiment déçu que le père Noël n'existât pas ; si j'avais connu l'adresse d'une association de défense des droits des enfants de Noël, j'aurais adhéré immédiatement. Il ne fallait pas venir me parler à ce moment précis, je vous le dis ! Où porter plainte ? Là était ma question !

C'est à cet instant que je me suis souvenu que mes parents étaient les responsables de cette ignominie. Je choisis donc d'affronter mon destin en oubliant que j'avais une mère et un père peu enclins aux réclamations, fussent-elles légitimes, n'est-ce pas, comme celle de mon circuit 24. D'un pas décidé, fort de ma légitimité garantie par l'envie d'obtenir mon circuit, je me dirigeai *illico presto* dans leur chambre pour réclamer justice ! Je passais les obstacles des meubles un par un avec l'aide de mes grandes jambes sportives, pour arriver plus vite encore que les voitures de mon circuit désiré, devant les coupables. C'était mon père qui était le plus près de la porte, toujours dans son lit en train de terminer, croyait-il, sa nuit de sommeil pour bien récupérer de ses excès de bons vins de la veille ; il reçut à moitié dans son rêve et à moitié dans ses oreilles, ma réclamation quelque peu violente tant j'étais animé du droit de manifester ma colère. Il m'infligea alors sous l'emprise de la peur et avec une vitesse digne d'un champion de karaté, une gifle qui m'arrêta net dans mon avancée téméraire.

À nouveau je vis la Voie lactée, cette fois un peu plus concrète, et je n'eus pas le temps de compter les étoiles tellement il y en avait. Mon père en profita pour dire que si je n'étais pas content de mon cadeau, il allait m'en priver autant que je me considérais privé de mon circuit 24 ; c'est à cette assertion qu'il me fit que je rétorquai immédiatement que je n'avais pas envie, mais pas envie du tout, de cette seconde privation. C'est donc apaisé, penaud en tous cas, que je m'en retournais vers le salon où trônait mon garage parmi les morceaux de papier déchirés par mon avidité.

J'ai eu la chance, durant ce retour vers mon nouveau jouet qui pourrait, je le savais, m'octroyer des moments de plaisir, d'analyser la situation avec une efficience positive. J'ai alors pensé qu'il valait mieux un moins qu'un plus inexistant. Et bien avant d'apprendre qu'il est bénéfique de savoir regarder le verre de vin dans sa partie à moitié pleine autant que dans sa partie à moitié vide afin de préserver un bon moral, j'avais compris que l'important était d'obtenir quelque chose qui avait le pouvoir d'apporter une satisfaction honnête et raisonnable plutôt que de ne rien avoir du tout. Je m'étais ainsi libéré d'un enlisement dans la colère et je trouvais même des excuses à mes parents telles que le coût d'un circuit 24 doit être trop cher pour eux, que je n'avais pas mon permis de conduire…là je plaisante, ou que peut-être il n'y avait plus d'exemplaires de ce jouet dans les magasins spécialisés. Voilà comment pour la première fois, je compris la subtilité des nuances de l'existence et la richesse d'une conscience éclairée. Me croyez-vous ? Non ? Oui ? Eh bien je vous conseille de vous souvenir de vos quatorze ans et de vous rappeler que l'enfant que vous étiez, en faisant la part des choses par l'équilibre des valeurs de vos jugements, comme pour le verre de vin, était bien plus intelligent que ce que vous le supposiez avant d'avoir lu cette nouvelle !

MÉDITATION

Regarder le monde dans sa diversité est un processus créatif d'évolution de conscience, mais cela ne peut aboutir à la perception directe de notre véritable nature. En s'incarnant, notre esprit coupe en partie son lien avec l'infinité de l'univers par les limites sensorielles réductrices qui le font se focaliser sur des perceptions relatives et partielles. Si l'incarnation est le procédé divinement institué pour appréhender ces notions relatives, et par comparaison, l'idée de la réalité de l'absolu, elle ne peut nous octroyer un contact direct avec l'énergie universelle si nous privilégions, pour la percevoir, nos sens réducteurs.

Si nous essayons, par la conscience visuelle, de pénétrer le secret énergétique, voire la substance fondamentale, d'un objet, nous serons sans cesse limités à la perception relative du reflet coloré qui émane de la lumière solaire qu'il reçoit. De même par le toucher, nous serons limités à la perception de la pression de nos doigts sur les vibrations moléculaires de cet objet qui lui donnent sa forme et sa consistance.

Voilà donc l'obstacle sensoriel qu'ont franchi les étudiants spirituels, et a fortiori les maîtres de la spiritualité, en détournant leur conscience sensorielle et mentale vers l'intérieur de leur incarnation. En fermant les yeux et en cherchant paisiblement à ne plus être attentif aux mouvements des contenus des pensées, ni aux phénomènes extérieurs, une personne qui en a la pratique patiente, finit par sentir puis percevoir des réalités énergétiques insoupçonnées dont il se rend compte être plus que le dépositaire, l'essence même ! Il peut certes, s'il le veut, contempler comment s'animent ses pensées, quelle énergie travaille à quelque partie de son corps, quel processus surexcite un de ses muscles, par exemple, mais il peut surtout peu à peu découvrir, par l'attention à l'intérieur de soi excluant la distraction mentale précitée, les splendeurs du centre de son être.

C'est de cette manière que la prise de conscience des vérités spirituelles peut être atteinte, et plus rapidement encore lorsque des maîtres indiquent à leurs élèves des exercices méditatifs qui amplifient ou multiplient les résultats. L'étude des principes spirituels dans certains livres, augmente aussi l'enrichissement des compréhensions pouvant alors servir de tremplin de conscience durant la méditation, afin de pouvoir encore mieux hisser l'attention vers les perceptions intérieures qui recèlent les vérités. Pourquoi les recèlent-elles ? Tout simplement parce que la vie de soi provient de l'intérieur de soi ! La partie extérieure de notre corps est évidemment la conséquence de la partie intérieure qui la porte et d'où elle émane. Tout est ainsi ! Pas d'intérieur causal, alors pas d'extérieur, et inversement d'ailleurs, mais c'est un autre sujet.

Méditer : il est préférable d'avoir les yeux fermés en essayant de ne pas penser ; si des pensées apparaissent, il faut les regarder tranquillement sans s'y attacher par quelque raisonnement à leur égard et les laisser ainsi disparaître. Chercher à n'être absorbé que par une seule image apaisante ou inspirante. Se concentrer uniquement sur la respiration. Ou exposer un problème et attendre avec confiance sa solution. Ce sont là quatre des principales manières de méditer au moins durant 10 minutes par jour.

Le secret de la méditation profonde, seule productrice des prises de conscience de notre être essentiel éternel, est évidemment d'extraire la conscience des perceptions sensorielles mais aussi mentales, c'est-à-dire des images provenant de la mémoire sensorielle et émotionnelle des événements que nous avons vécus. Cela ressemble à une définition du sommeil mais ce n'est qu'une ressemblance fallacieuse. En méditation, la conscience demeure vigilante, c'est-à-dire qu'elle ne perd pas son attention de perception en acceptant l'idée que ce qu'elle percevra, ne proviendra pas de ses sens ou de sa mémoire. Alors commence la découverte de la sublime vision intérieure !

LA CAUSE DES INCARNATIONS

Pourquoi, maintenant que l'humanité est arrivée à son haut niveau d'intelligence, les gens ne pourraient-ils pas se rendre compte qu'il existe également une intelligence intrinsèque à la matière de nos corps et de tous les êtres vivants, qui gère aussi l'ensemble des activités universelles ? Franchement, nous savons tous que notre organisme est une merveille d'actions stratégiques qui lui permettent de rendre efficientes nos fonctions vitales ! Et d'où viendrait cette intelligence si ce n'est de l'univers lui-même dans lequel nous sommes, pour le moins, une sublime expression sur le plan de l'existence corporelle. Tentez de détruire une fois pour toute une particule de matière et vous n'y parviendrez jamais totalement comme les scientifiques authentiques le confirment. L'univers est là, devant nous et en nous, et contient la faculté d'intelligence. Par conséquent, qui dit intelligence cellulaire des corps et force de cohésion des matières terrestres, pour ne parler que de celles-ci, dit aussi faculté de conscience puisque toutes ces notions fonctionnelles ou structurelles sont implicitement contrôlées et dirigées, sinon elles n'auraient pas de logique d'effets précis. L'intelligence ne pouvant provenir de la stupidité, il existe de façon irréfutable une Intelligence Universelle ! Que nous l'appelions réservoir d'intelligence, source de savoir infini ou Dieu, elle existe dans tout l'univers puisque tout ce qui s'y trouve, détient son existence plus ou moins longue d'une cause intelligente.

Sans cette Intelligence Universelle, rien ne pourrait subsister, cela est sûr ! La fleur d'une plante, par exemple, utilise une couleur particulière pour ses pétales, ou un parfum particulier, afin d'attirer à elle des insectes qui, en la butinant, iront polliniser ensuite d'autres plantes plus ou moins lointaines afin de les féconder. C'est le procédé employé par l'intelligence de cette plante qui, ne pouvant se déplacer à cause de ses racines, a trouvé le moyen que des êtres mobiles le fassent à sa place ! Il n'y a jamais quoi que ce soit d'inutile sur terre. Alors pourquoi y aurait-il ailleurs, dans l'univers, des choses inutiles ? De ces faits, nous en arrivons à la question de l'utilité de notre existence.

N'avez-vous pas remarqué que sans le petit, rien ne pourrait être qualifié de grand ? Par conséquent la relativité définit aussi l'existence des choses. La différence donne le sens et la possibilité d'existence à tout ce qui est. Pour les choses semblables en apparence, la différenciation sera celle de la position spatiale. En disant que des jumeaux sont parfaitement semblables, ils ne le sont pas concernant l'espace, car ils ne peuvent occuper une même partie de celui-ci de manière simultanée. Ils sont donc différents de position spatiale. Voilà l'origine exacte de nos incarnations : chaque être ne peut développer son intelligence, qui provient de son potentiel intérieur, s'il ne peut avoir conscience des choses au moyen de leur différence pour en comprendre leur nature ou leur caractéristique. L'ultime prise de conscience est celle qui se définit entre le relatif et l'absolu ! Qui pourrait avoir conscience du concept de l'Absolu sans auparavant avoir pris conscience de ce qui ne l'est pas ?

C'est de devoir prendre conscience totalement de cet Absolu qui cause nos incarnations. Les maîtres spirituels qui ont atteint ce niveau de conscience, le prouvent par leur état d'équanimité qu'ils ont atteint en tant que paix d'esprit que l'on appelle l'illumination !

L'ESPACE RÉVÉLATEUR

Les gens oublient souvent que nous nous trouvons dans l'espace intersidéral et que nous sommes des parties intégrantes de celui-ci. Par conséquent, nous sommes composés de sa nature infinie qui le caractérise !

Les étoiles sont présentes pour nous rappeler ce fait fondamental inspirant. Mais la pollution lumineuse des grandes villes nous prive de leur beauté en empêchant l'obscurité suffisante des nuits qui révèlent ces princesses universelles. Il faut donc retrouver leur lumière apaisante dans les alcôves mémorielles de notre conscience.

Ainsi cette luminosité contemplée en notre pensée méditative, nous éclaire de la certitude qu'une bien plus grande aventure que l'histoire des mesquineries des hommes, se déroule devant nous, dans le cosmos infini. Nous appartenons à une destinée cosmique, et pas seulement à une histoire « *minusculement* » terrestre !

Franchement, en levant nos yeux vers l'espace qui défie les habitudes limitées de notre esprit, ne devons-nous pas, en contemplant cette splendeur spatiale, mieux mesurer l'importance toute relative de la plus grande partie de nos occupations individuelles ? Madame, monsieur, oui, nous nous trouvons dans l'Infini du Cosmos !

DIEU

Quelle audace, voire quel orgueil, pourrait-on penser, de vouloir affirmer quoi que ce soit en ce sujet si grandiose ou tant ineffable ! Et pourtant, si le créateur de l'univers existe, il est facile de le trouver dans toute la création, qu'elle soit sur terre ou dans le cosmos, étant donné qu'il ne peut y avoir d'intelligence sans conscience toutes deux déjà démontrées par la constitution des créatures terrestres !

Il n'y a pas un seul organe, dans n'importe lequel des corps des individus vivant en notre monde, qui n'a pas été créé pour une fonction précise permettant la Vie. Le hasard n'est pas venu dire : « Bonjour, je vais faire en sorte que des centaines de parties corporelles vont s'adapter entre elles pour permettre à un organisme complexe et unique de manifester son existence vitale. » Et s'il l'avait dit, sage serait donc de considérer qu'à la place du hasard, ce serait une entité consciente et intelligente qui aurait prononcé de tels mots !
Même les plus acharnés en scepticisme à ce sujet, ou les plus grands athées de notre monde, ne peuvent nier qu'une incommensurable intelligence crée nos organismes et les fait fonctionner par une sorte de magie inexplicable en apparence !

Il est impossible de dire qu'une création et qu'une action d'une partie corporelle, ayant des relations de parfaite complémentarité avec les autres parties de ce corps, ne soient pas établies par une parfaite capacité de compréhension des conditions concernées. Comme il est impossible de dire que le résultat obtenu n'est pas l'effet de la créativité d'une intelligence l'ayant désiré ou décidé !

Par conséquent, constatant ce pouvoir interne aux êtres vivants qui les traverse ou les pénètre de sa magnificence, nous pouvons, si nous le voulons, l'appeler Dieu. Puisque ce pouvoir suprême se trouve dans les créatures qui existent dans l'univers, il est possible de projeter sur le cosmos l'idée que cette intelligence est universellement l'autorité créatrice ! Et ce n'est pas parce que le comportement des êtres humains en abîme souvent l'action en eux, que cela nie son évidente existence !

*

***

TRÉSORS POÉTIQUES

***

*

Patrick Édène

TABLE

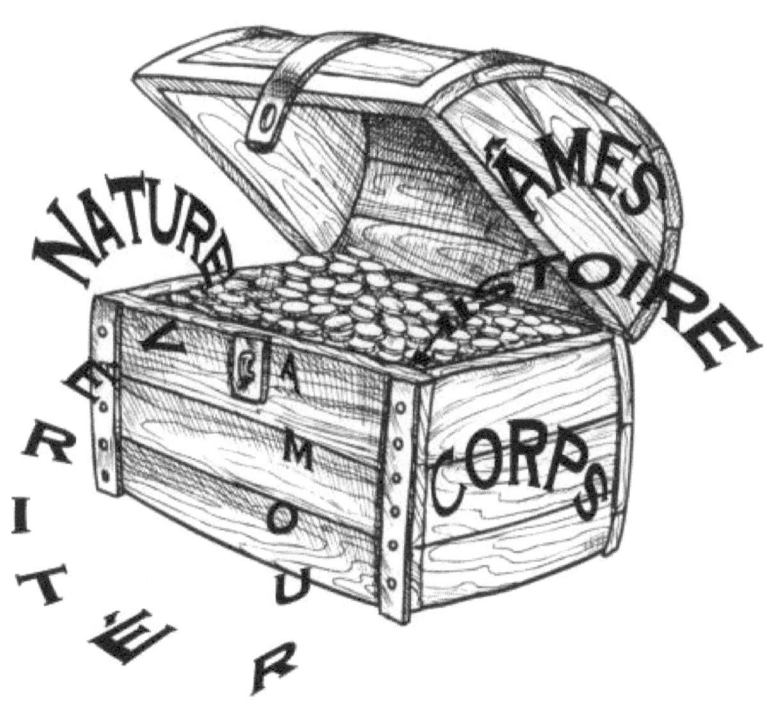